Birgit Pachler

Nähspaß für Kinder

Birgit Pachler

Nähspaß für Kinder

Lustige Werkstücke für die Nähmaschine

Leopold Stocker Verlag
Graz – Stuttgart

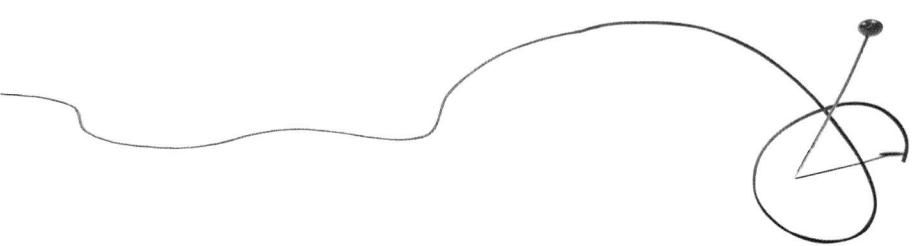

Umschlaggestaltung: DSR Werbeagentur Rypka GmbH, 8143 Dobl/Graz, www.rypka.at
Titelbild: Lore Überbacher

Bildnachweis:
Alle Fotos stammen dankenswerterweise von der Autorin.

Der Inhalt dieses Buches wurde von der Autorin und vom Verlag nach bestem Gewissen geprüft, eine Garantie kann jedoch nicht übernommen werden.
Die juristische Haftung ist ausgeschlossen.

Bibliografische Information der Deutschen Nationalbibliothek
Die Deutsche Nationalbibliothek verzeichnet diese Publikation in der Deutschen Nationalbibliografie; detaillierte bibliografische Daten sind im Internet unter http://dnb.d-nb.de abrufbar.

Hinweis: Dieses Buch wurde auf chlorfrei gebleichtem Papier gedruckt. Die zum Schutz vor Verschmutzung verwendete Einschweißfolie ist aus Polyethylen chlor- und schwefelfrei hergestellt. Diese umweltfreundliche Folie verhält sich grundwasserneutral, ist voll recyclingfähig und verbrennt in Müllverbrennungsanlagen völlig ungiftig.

Auf Wunsch senden wir Ihnen gerne kostenlos unser Verlagsverzeichnis zu:
Leopold Stocker Verlag GmbH
Hofgasse 5 / Postfach 438
A-8011 Graz
Tel.: +43 (0)316/82 16 36
Fax: +43 (0)316/83 56 12
E-Mail: stocker-verlag@stocker-verlag.com
www.stocker-verlag.com

ISBN 978-3-7020-1416-2
Alle Rechte der Verbreitung, auch durch Film, Funk und Fernsehen, fotomechanische Wiedergabe, Tonträger jeder Art, auszugsweisen Nachdruck oder Einspeicherung und Rückgewinnung in Datenverarbeitungsanlagen aller Art, sind vorbehalten.
© Copyright by Leopold Stocker Verlag, Graz 2013
Layout und Repro: DSR Werbeagentur Rypka GmbH, 8143 Dobl/Graz
Druck: Druckerei Theiss GmbH, 9431 St. Stefan

Inhalt

Vorwort 7

Fördern Sie die Kreativität 8

Erklären Sie Ihrem Kind die Nähmaschine 9

Nähen verschiedener Nähte auf Papier 14
    Lustige Grußkarten 15

Zusammennähen zweier Stoffe 16
    Ein Untersetzer oder ein Bild 17
    Mola-Tasche mit Klettverschluss 19

Ausstopfen und Knöpfe annähen 22
    Nadelkissen 23
    Spinne 25

Bogen nähen und verstürzen 28
    Bunter Fisch 29
    Plüschfisch mit Stepperei 31
    Lustiger Haifisch 32

Herzen aus unterschiedlichen Materialien 33
    Kuscheliges Herz 34
    Poppiges Jeansherz 36

Große und kleine Zacken 39
    Zweifarbiger, kuscheliger Igel 40

Kordel-Verschluss und Nähte versäubern 44
    Buntes Turnsäckchen mit Kordelverschluss 45

Futter einnähen 49
    Box aus alten Jeans 50

Mit der Hand nähen 55
    Karotte für den Kaufmannsladen 56

Über die Autorin 59

Schablonen unserer Werkstücke 61

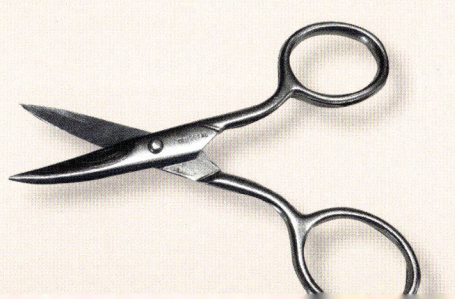

Vorwort

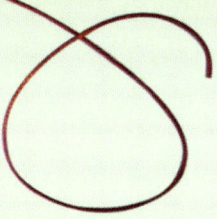

Wir werden in diesem Buch kunterbunte Werkstücke mit fachlichem Hintergrund nähen!
Dieses Buch ist als Leitfaden für Eltern, LehrerInnen, ErzieherInnen oder einfach für kreative Menschen gedacht, die mit Kindern an der Nähmaschine nähen möchten. Die unterschiedlichen Arbeitsgänge werden Schritt für Schritt durch viele Bilder erklärt und sind auch für Kinder leicht verständlich. Alle Werkstücke aus diesem Buch wurden mehrfach von Kindern in meinen Nähkursen genäht und gelingen sehr leicht. Das Buch vermittelt Grundlagen des Nähens, die ich als Bekleidungstechnikerin spielerisch aufbereitet habe. Jedes Kapitel widmet sich einem Schwerpunkt, wie z. B. Ausschneiden und Ausstopfen, Zusammennähen mehrerer Stofflagen oder Nähen von Zacken und Bögen. All diese Fähigkeiten können dann an kunterbunten und lustigen Werkstücken ausprobiert werden.

Eine Besonderheit ist auch, dass einige Werkstücke zweimal genäht werden können: Für Anfänger gibt es eine sehr leichte Version und für kleine Könner eine schon etwas schwierigere Variante. So können Sie das Buch immer wieder als Grundlage verwenden und die Kinder können viele unterschiedliche Tiere, Gebrauchsgegenstände und Dekoartikel fertigen.

Symbolerklärung:

Folgende Symbole werden in diesem Buch dargestellt:

 Dabei handelt es sich um Werkstücke, die als LEICHT eingestuft werden und für den Anfänger bestimmt sind.

 Steht FÜR GEÜBTE und soll den schon Fortgeschrittenen viel Spaß am Nähen bereiten.

Fördern Sie die Kreativität

Kinder sollen die Freiheit haben, ihre Stoffe selbst zu wählen und die Farben kunterbunt zu mischen. Jedes der Werkstücke wird nach eigenen Vorstellungen von Kinderhand geschaffen. Tauchen Sie ab in die Welt der Fantasie! Freuen Sie sich auf kuschelige Plüschfische, rote Igel und vieles mehr.
In meinen Kindernähkursen befinden sich Kinder von 5 bis 14 Jahren und sowohl Spaß als auch die Förderung der Kreativität stehen bei uns an oberster Stelle.

Unterstützen Sie Ihr Kind aber erst, wenn es Sie braucht. Kinder kommen oft besser zurecht, als es die Erwachsenen wahrhaben wollen. Sollte es nicht perfekt ausgeschnitten sein oder die Farbkombination ihres Kindes für Sie nicht stimmig sein – egal! Ihr Kind wird ein „eigenes Werkstück" nähen. Ich nähe die Werkstücke meiner Nähkinder nur dann nach, wenn ansonsten beim Ausstopfen das Füllmaterial herausfallen würde. Alle anderen Nähte bleiben so, wie sie die Kinder genäht haben!

Freuen Sie sich, dass Sie so ein kreatives Kind haben. Kreative Kinder haben viel Selbstbewusstsein und gehen leichter durchs Leben! Der schönste Dank sind die stolzen und glücklichen Kinderaugen, wenn sie ihre eigenen Werkstücke in den Händen halten.
Ich wünsche allen viel Spaß und freue mich, dass viele Kinder die Möglichkeit bekommen, sich selbst ausprobieren zu können!

ERKLÄREN
Sie Ihrem Kind die
NÄHMASCHINE

Die ersten Näherfahrungen sollen für Ihr Kind sehr leicht gemacht werden. Fädeln Sie buntes Garn in die Nähmaschine ein und stellen Sie die Maschine auf Geradstich. Setzen Sie sich selbst an die Nähmaschine und erklären Sie Ihrem Kind die wichtigsten Details, die fürs Nähen notwendig sind.

1. Nähfuß

Heben Sie den Nähfuß mit dem kleinen Hebel auf und ab und lassen Sie Ihr Kind auch gleich den Nähfuß bedienen. Der Nähfuß muss beim Nähen immer unten sein und das Nähgut festdrücken. Will man Ecken nähen oder das Nähgut wieder wegnehmen, wird der Nähfuß wieder mit dem kleinen Hebel nach oben gedrückt. Das sollte vorsichtig ausprobiert werden und durch mehrmaliges Üben wird das recht schnell erlernt.

Heben Sie nun den Nähfuß nach oben, schieben Sie ein Blatt Papier darunter und senken Sie den Nähfuß wieder.

Nähfuß oben

Nähfuß unten

2. Fußpedal

Richten Sie das Fußpedal unterm Tisch so ein, dass es für Ihr Kind perfekt passt. Die Kleinsten in meinen Nähkursen nähen an kleinen Kindertischen und auf Kinderstühlen! Nähen Sie ein paar Stiche auf Papier und zeigen Sie Ihrem Kind, was passiert, wenn das Fußpedal gedrückt wird. Machen Sie dies langsam, so dass Ihr Kind alles genau nachvollziehen kann. Beim Drücken des Fußpedals geht die Nadel rauf und runter. Je nachdem, wie fest man mit dem Fuß drückt, näht die Nähmaschine langsamer oder schneller.

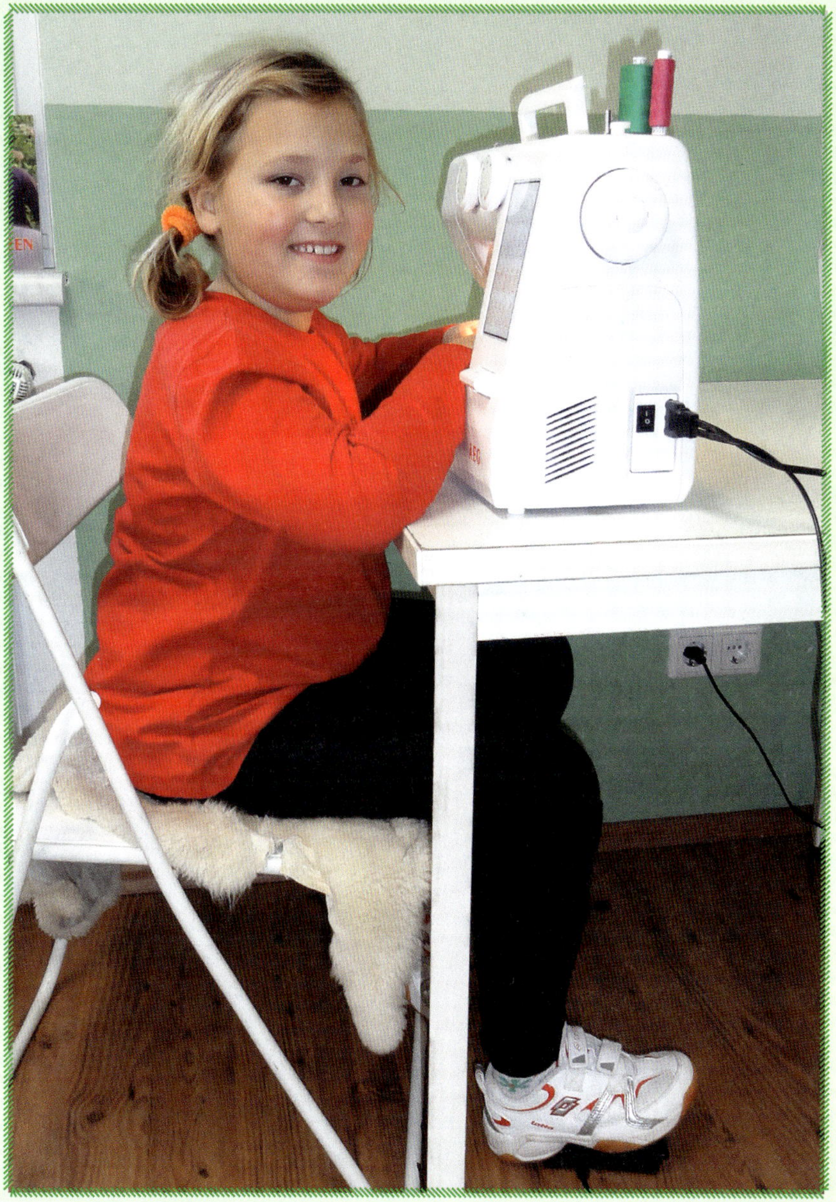

Tisch und Stuhl immer auf das Kind abstimmen, so dass es gut ans Fußpedal kommt!

3. Handrad

Erklären Sie Ihrem Kind das Handrad rechts an der Nähmaschine. Generell wird dieses nur betätigt, wenn der Fuß vom Fußpedal weggenommen wird. Das Rad wird mit der Hand immer zu sich her gedreht. Lassen Sie Ihr Kind nun selbst am Rad drehen und beobachten Sie dabei gemeinsam die Nadel. Erklären Sie Ihrem Kind, dass die Nähmaschine sowohl durch Betätigen des Fußpedales als auch durch das Drehen am Handrad näht, nur eben langsamer. Mit dem Handrad wird die Nadel in die Position gebracht, die man gerade benötigt. Will man das Nähgut unter der Nähmaschine wegnehmen, muss nicht nur der Nähfuß oben sein, sondern auch die Nadel. In diesem Falle kann man mit dem Handrad die Nadel nach oben drehen.

4. Nadel

Nehmen Sie den Fuß vom Pedal und schalten Sie die Nähmaschine kurz aus! Am besten ist es, Sie ziehen den Stecker kurz aus der Steckdose. Die Nadel soll dabei oben sein. Lassen Sie nun Ihr Kind vorsichtig an die Spitze der Nähmaschinennadel greifen. Es soll spüren, dass sie sehr spitz ist. Sie bohrt sich nicht nur durch Stoffe und Papier, sondern im unglücklichsten Fall kann sie auch die Finger treffen. Diese wichtige Information gebe ich meinen Nähkindern immer. Ich will sie damit nicht einschüchtern, aber sie gehen mit etwas mehr Respekt an die Sache heran.

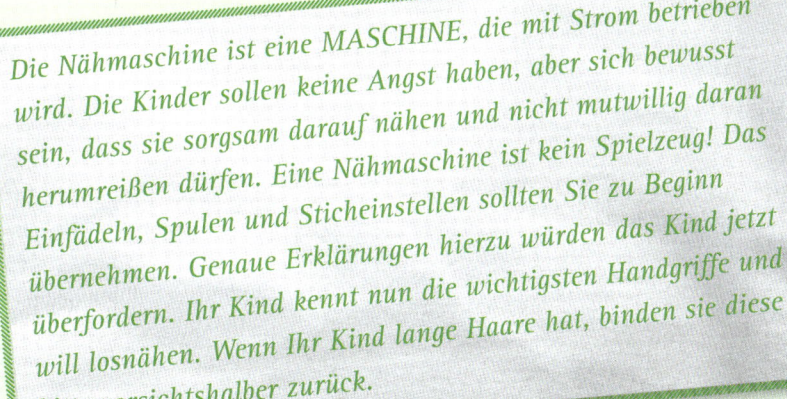

Die Nähmaschine ist eine MASCHINE, die mit Strom betrieben wird. Die Kinder sollen keine Angst haben, aber sich bewusst sein, dass sie sorgsam darauf nähen und nicht mutwillig daran herumreißen dürfen. Eine Nähmaschine ist kein Spielzeug! Das Einfädeln, Spulen und Sticheinstellen sollten Sie zu Beginn übernehmen. Genaue Erklärungen hierzu würden das Kind jetzt überfordern. Ihr Kind kennt nun die wichtigsten Handgriffe und will losnähen. Wenn Ihr Kind lange Haare hat, binden sie diese bitte vorsichtshalber zurück.

Info

Nähen verschiedener Nähte auf Papier

Probenähen

Zeichnen Sie auf Papier gerade Linien, Kurven, Ecken und Bögen. Lassen Sie nun Ihr Kind die Linien mit dem **Geradstich** nachnähen. Sinn und Zweck dieser Übung ist es, dass das Kind ein Gefühl für die Nähmaschine bekommt.

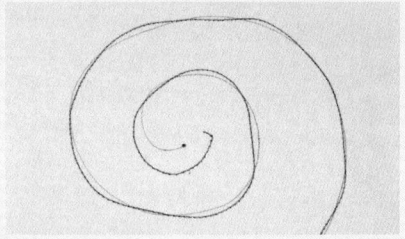
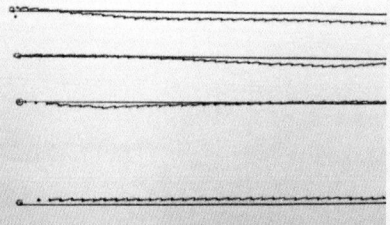

- Kann es den Nähfuß mit dem Hebel auf- und abheben?
- Findet es das Fußpedal und traut es sich, auch „Gas" zu geben?
- Dreht es vielleicht auch schon am Handrad?
- Kann es die Nadel nach oben drehen?

Ecken exakt zu nähen, erfordert schon etwas mehr Geschick. Das ganze Thema „Ecken und Zacken nähen", wird beim Nähen des Igels, siehe S. 39 ff, dann genau beschrieben.

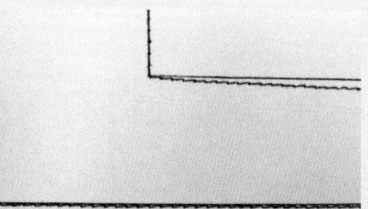

> Helfen Sie Ihrem Kind beim Wechseln der Papierbögen. Ziehen Sie das Nähgut von der Nähmaschine vorsichtig nach hinten weg und schneiden Sie die Fäden zu Beginn noch gemeinsam ab. Lässt sich das Nähgut nicht leicht wegziehen, drehen Sie langsam am Handrad, bis es klappt. Damit Sie die Nähmaschine nicht ständig neu einfädeln müssen, schneiden Sie die Fäden lieber bei einer Länge von 15 cm ab und halten Sie beim Losnähen die Fäden während der ersten paar Stiche fest. Für das Abschneiden der Fäden eignet sich eine kleine Schere besonders gut.
>
> ## Tipp

Sie werden sehen, Ihr Kind kommt sehr schnell damit zurecht. Ob es auf der Linie näht oder nicht, ist hier eigentlich egal. Wichtig ist die Übung an sich, damit Ihr Kind langsam Sicherheit beim Nähen bekommt. Loben Sie Ihr Kind und schauen Sie sich immer wieder gemeinsam die tollen genähten Linien an!

Lustige Grußkarten

 Wenn Ihr Kind die Übungsbögen genäht hat, kann es bereits die ersten kleinen Geschenke oder Nähbilder fertigen. Nun kommt zum Geradstich der Zick-Zack-Stich dazu. Stellen Sie den Stich ein und lassen Sie Ihr Kind einfach drauflosnähen. Sie erzielen zusätzlich einen tollen Kontrast, wenn Sie breite und schmale Zick-Zack-Stiche abwechseln und zusätzlich unterschiedlich bunte Nähgarne einfädeln.

 Will Ihr Kind gerne ein Motiv nähen, kann es dieses auf der Rückseite der Grußkarte aufzeichnen und dann nachnähen. Lassen Sie Ihr Kind einfach frei experimentieren!!! Egal wie genau die Motive nachgenäht werden, es sieht immer super aus! Das werden sicher ganz einmalige Grußkarten!

Tipp

Sobald Sie auf der Nähmaschine Papier nähen, wird die Nadel stumpf. Bitte tauschen Sie die Nadel aus, sobald Sie mit den ersten Werkstücken aus Stoff beginnen. Beschriften Sie die Nadel mit „Papiernadel" und verstauen Sie sie gut. Ihr Kind wird immer wieder auf Papier nähen wollen und so können Sie diese stumpfe Nadel immer wieder verwenden.

Zusammennähen
zweier Stoffe

Für die ersten Werkstücke gibt es ein Material, das sich besonders gut eignet: FLEECE. Es ist kuschelig weich und in sehr vielen bunten Farben erhältlich. Nähtechnisch eignet es sich besonders gut, da es sich leicht nähen lässt und nicht ausfranst, wenn man es ausschneidet. Wobei wir gleich bei einem sehr wichtigen Punkt sind: dem Ausschneiden von Stoffen! Das bereitet Kindern manchmal etwas Schwierigkeiten. Achten Sie darauf, dass Ihr Kind mit einer guten Stoffschere arbeitet. Sie sollte nicht allzu groß und nicht zu schwer sein. Der Stoff liegt beim Schneiden auf dem Tisch und die Schere gleitet, wenn möglich, am Tisch entlang.

Ein Untersetzer oder ein Bild

Wir brauchen:
- zwei bunte Fleecestoffe (Schablone A oder B)
- und buntes Nähgarn

1. Nehmen Sie die Schablone vom Musterbogen ab. Ihr Kind darf die Schablonen selbst auf dem Fleece anzeichnen. Erfahrungsgemäß geht dies am besten mit einem dünnen Filzstift.

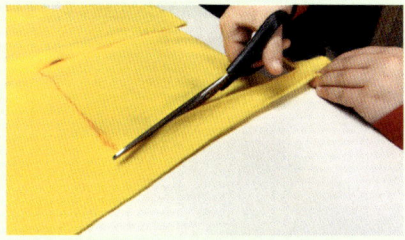

2. Jetzt schneidet Ihr Kind beide Teile aus.

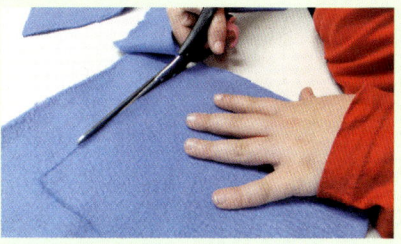

3. Dann werden beide Teile aufeinander gelegt und am Rand entlang mit dem Geradstich zusammengenäht.

4. Danach kann Ihr Kind kreuz und quer drauflosnähen. Geradstich, Zick-Zack-Stiche, breit und schmal. Sie können auch die Farbe des Nähgarns wechseln. Wichtig ist, dass Ihr Kind immer wieder quer über bereits genähte Nähte drübernäht. So entstehen große und kleine Felder.

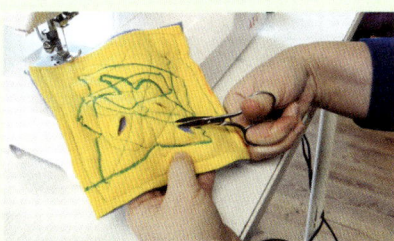

5. Nun werden einzelne Felder ausgeschnitten. Hierfür eignet sich eine kleine, spitze Schere am besten. Jetzt sollten Sie Ihrem Kind helfen, indem Sie mehrere Löcher in die obere Stoffschicht schneiden.

Schablone A

Schablone B

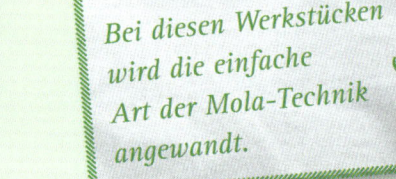

Bei diesen Werkstücken wird die einfache Art der Mola-Technik angewandt.

Info

6. Ihr Kind kann dann die restlichen Flecken ausschneiden, sodass man die untere Stofflage sieht. Mit jedem ausgeschnittenen Fleck wird das Werkstück immer bunter und bunter.

Die fertigen Werkstücke kann man z. B. als Untersetzer benutzen ...

... oder zur Zierde auflegen.

Mola-Tasche mit Klettverschluss

Wir brauchen:
- zwei bunte Fleecestoffe (Schablone C)
- ein kleines Stück Kunstleder (Schablone D, Herz)
- buntes Nähgarn und Klettverschluss, 2 x 3 cm

1. Ihr Kind kann nun alle Arbeitsschritte ganz gleich wie beim Mola-Muster nähen. Zwei Teile ausschneiden, aufeinanderlegen und am Rand mit Geradstich zusammennähen.

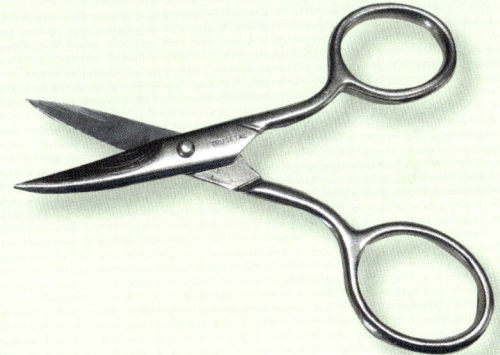

Dann wird einfach mit einem bunten Nähgarn drauflosgenäht.

Beliebig viele Felder ausschneiden.

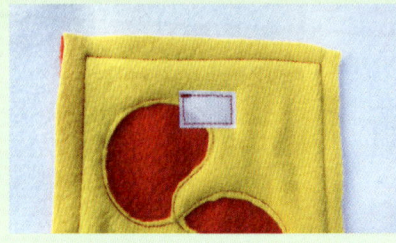

2. Nun wird ein Teil des Klettverschlusses auf die äußere Seite des Werkstückes genäht (Angabe auf der Schablone).

Hochgeklappte Tasche mit Nadeln.

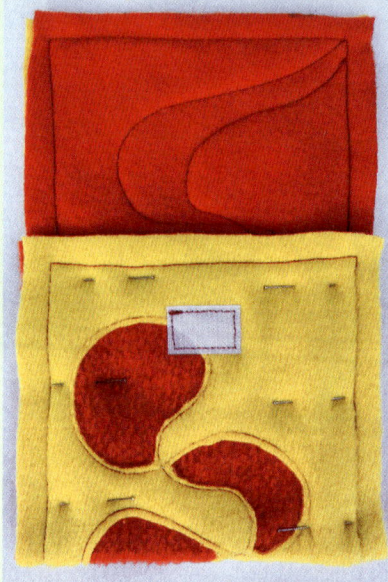

3. Danach wird die Tasche seitlich geschlossen. Klappen Sie den Teil mit dem Klettverschluss nach oben, stecken Sie seitlich Stecknadeln hinein.

Geradstich, man sagt auch Steppstich.

4. Lassen Sie Ihr Kind die Nähte seitlich mit dem Geradstich schließen. Am Anfang und Ende der Naht muss unbedingt verriegelt werden!

Zuerst mit der Stecknadel feststecken...

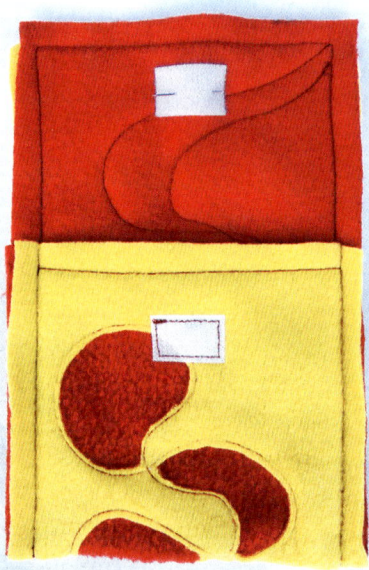

5. Nun wird auf der Innenseite der Lasche, mit der die Tasche geschlossen wird, das Gegenstück des Klettverschlusses angenäht. Je nachdem, wie geübt Ihr Kind schon ist, kann es diesen Arbeitsgang auch schon alleine bewerkstelligen.

Und so wird verriegelt:

- man näht ca. 1 cm nach vorne, drückt dann den Retourhebel und näht anschließend wieder 1 cm zurück,
- lässt den Retourhebel wieder los und näht wieder nach vorne.

So wurde dieser Bereich der Naht dreimal genäht und hält besser!
Viele meiner Kinder nähen auch mehrmals vor und zurück, damit die Naht am Anfang und am Ende besonders gut hält!

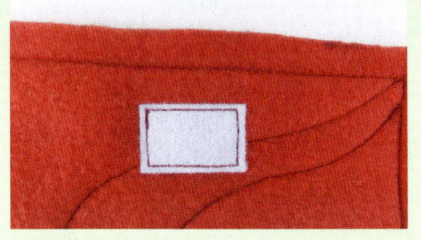

...und dann mit Geradstich annähen.

6. Nun lassen Sie Ihr Kind die Herzschablone auf die Rückseite des Kunstleders aufzeichnen.

7. Danach wird das Herz auf der Oberseite der Lasche aufgenäht. Hier kann Ihr Kind kreuz und quer über das Herz nähen.

Und ausschneiden

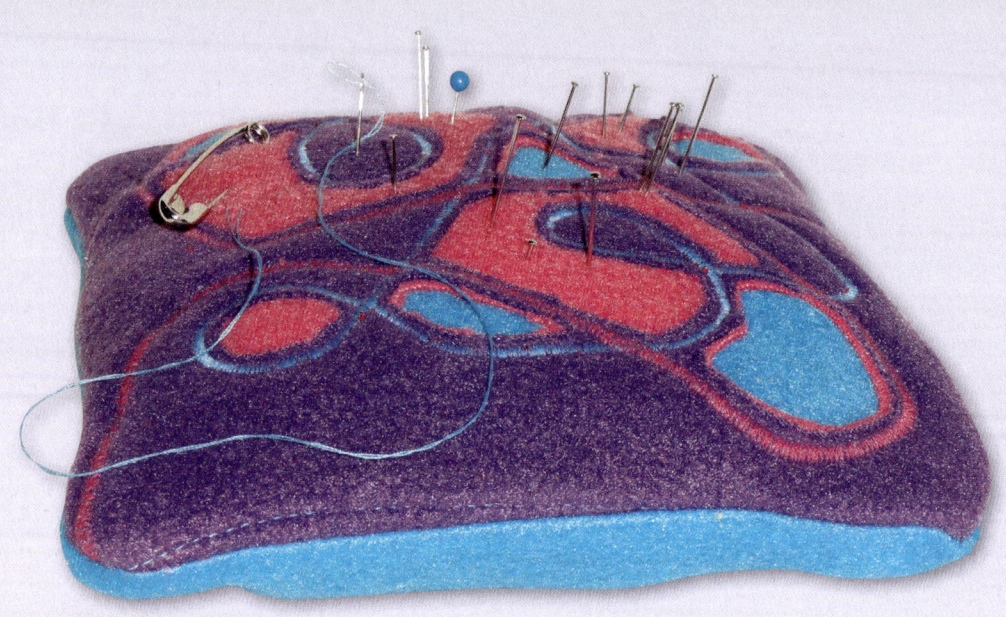

Ausstopfen
und Knöpfe annähen

In diesem Kapitel näht Ihr Kind ein Nadelkissen, das es die ganze weitere Näh-Zeit begleiten wird, da es Stecknadeln, Sicherheitsnadeln sowie Nähnadeln stets benötigen wird.
Es wird wieder die einfache Mola-Technik genäht. Da Ihr Kind diese Technik schon kennt, wird es ganz locker an das Werkstück herangehen. Sie werden erkennen, wie selbstsicher es nun schon Kurven und Ecken näht. Es verlangt vielleicht schon nach einem Zick-Zack-Stich. Durch Wiederholungen und gleiche Arbeitsschritte werden die Kenntnisse gefestigt und bestätigen Ihr Kind, weil es dies ja „alles" schon kennt.

Nadelkissen

Wir brauchen:
- 4 bunte Stoffe, alle gleich groß (Schablone A oder B)
- und buntes Nähgarn

1. Diesmal näht Ihr Kind drei Stofflagen zusammen.

Fertig genähte Mola-Technik

2. Danach wird wieder kreuz und quer genäht – diesmal mit Zick-Zack-Stich in Pink und Türkis.

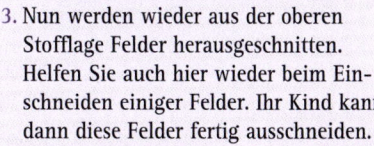

3. Nun werden wieder aus der oberen Stofflage Felder herausgeschnitten. Helfen Sie auch hier wieder beim Einschneiden einiger Felder. Ihr Kind kann dann diese Felder fertig ausschneiden.

4. Zuerst werden ein paar lila Flecken hier ausgeschnitten, sodass man die Farbe Pink sieht. Dann werden noch ein paar pinke Flecken herausgeschnitten, sodass die Farbe Türkis zum Vorschein kommt.

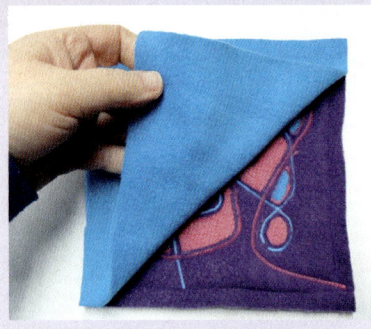 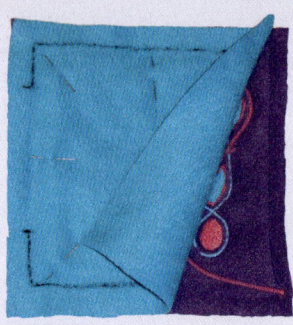 

5. Nun wird das Nadelkissen verstürzt: Die genähte Mola-Technik liegt nun auf dem Tisch und das noch übrige vierte Stoffteil wird darauf gelegt.

6. Zeichnen Sie nun Ihrem Kind eine Linie zum Nähen (Nahtlinie) an. Diese sollte ca. 1 cm vom Rand entfernt sein und an einer Seite eine Öffnung von 5 cm haben.

7. Nun näht Ihr Kind diese Linie mit Geradstich nach. Am Anfang und am Ende der Naht wird diese verriegelt.

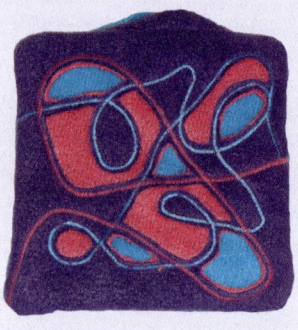  

8. Danach dreht Ihr Kind das Nadelkissen selbst durch die Öffnung um. Eventuell braucht es da ein wenig Hilfe.

9. Nun kommt für die Kinder eine sehr lustige Arbeit: das Ausstopfen! Am besten eignen sich hier die Fleece-Reste, die Ihr Kind ausgeschnitten hat. Sollten diese nicht reichen, schneiden Sie einfach ein paar Streifen vom Fleece-Stoff klein. Ihr Kind kann nun nach eigenem Ermessen das Nadelkissen so vollfüllen, wie es das möchte.

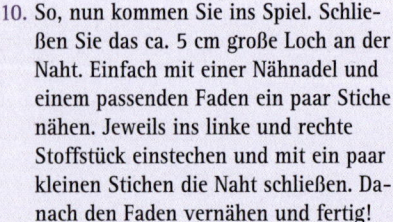 

10. So, nun kommen Sie ins Spiel. Schließen Sie das ca. 5 cm große Loch an der Naht. Einfach mit einer Nähnadel und einem passenden Faden ein paar Stiche nähen. Jeweils ins linke und rechte Stoffstück einstechen und mit ein paar kleinen Stichen die Naht schließen. Danach den Faden vernähen und fertig!

Zum Schluss bekommt jedes meiner Nähkinder von mir immer viele Stecknadeln fürs erste eigene Nadelkissen geschenkt!

Spinne

Wir brauchen:
- je 1 Stoffteil (Schablone B) in Rot und Schwarz
- je 1 rotes und graues Stoffteil (Schablone E)
- 1 roter Stoffstreifen, 6 cm breit und 64 cm lang
- 2 große rote Knöpfe
- graues und rotes Nähgarn

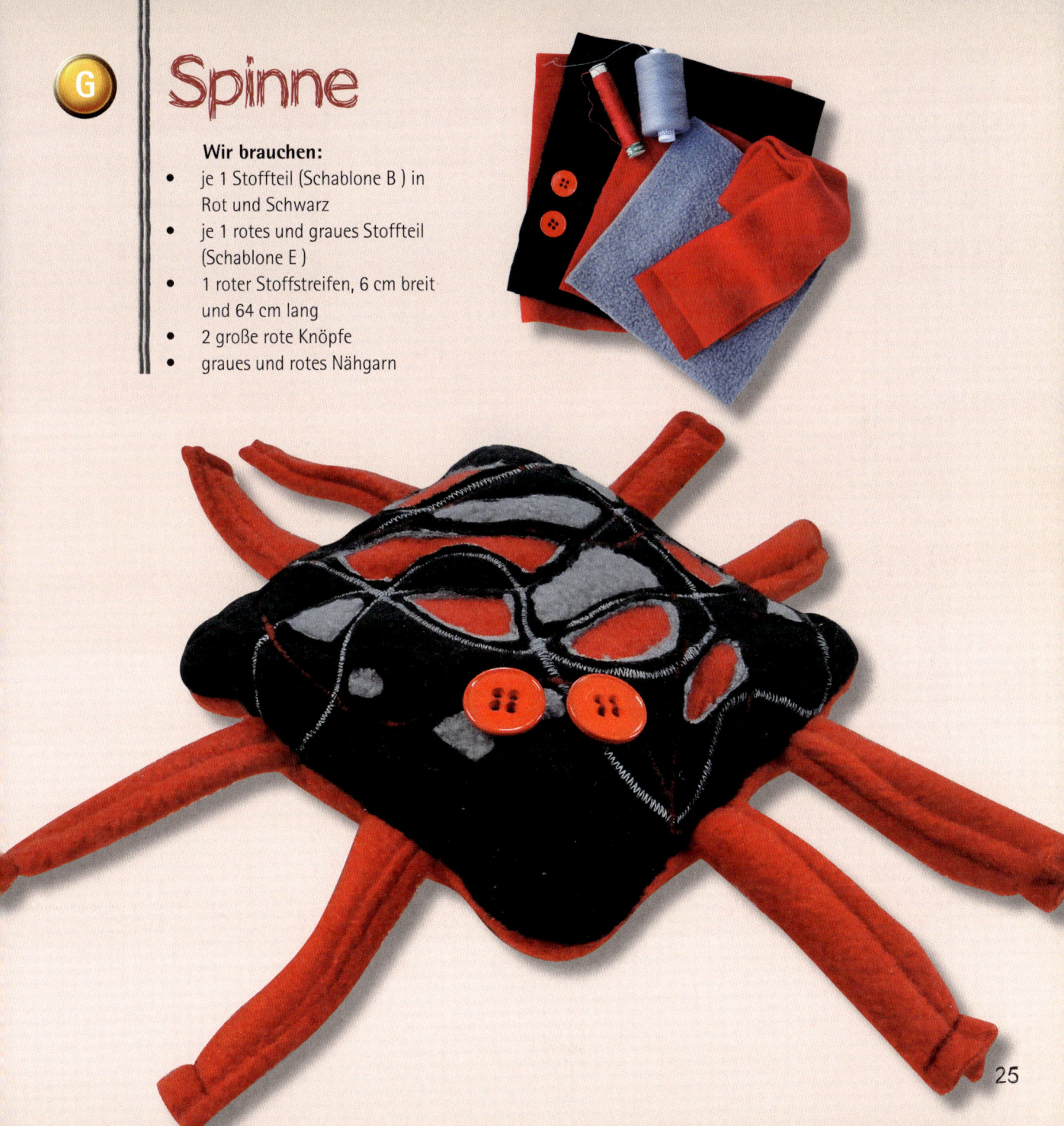

1. Ihr Kind näht wieder die Mola-Technik. Neu: Das Oberteil der Spinne (schwarz) ist diesmal etwas größer als die bunten Teile zum Darunternähen. Legen Sie Ihrem Kind die drei Teile so aufeinander, dass der rote und der graue Stoff mittig auf dem schwarzen Teil liegen. Alle drei Teile dann feststecken und einmal mit dem Geradstich rundum festnähen.

Erklärung:
Da die Beine auch noch in die Seitennaht mit hineinkommen, sind die Mittelteile etwas kleiner, so dass die Nähmaschine noch über all die Teile nähen kann. Sonst wäre der Rand viel zu dick und die Nadel könnte beim Nähen brechen!

3. Dann werden die Beine der Spinne genäht. Nehmen Sie den Stoffstreifen her und legen Sie jeweils die linke und die rechte Kante nach innen, so dass sich beide Seiten berühren. Dann nochmals in der Mitte zusammenfalten. Zum Fixieren alle 5–8 cm eine Stecknadel einstecken. Danach kann ihr Kind den Streifen mittig festnähen. Ob Geradstich oder Zick-Zack-Stich bleibt ihrem Kind überlassen. Aber Achtung, immer die Stecknadeln kurz vor dem Nähfuß herausnehmen!

4. Den Streifen in 8 gleich lange Beine schneiden...

...und jedes Bein an einer Schnittkante quer legen und verriegeln.

2. Dann kann Ihr Kind die Molatechnik wie gewohnt nähen und ausschneiden.

Alle 8 Beine werden angesteckt und am Rand angenäht.

5. Den Spinnenkörper auf den Tisch legen, alle 8 Beine mit dem nicht verriegelten Ende am Rand feststecken und die Beine am Rand annähen.
Jeweils zwei angesteckte Beine müssen nach innen zeigen.

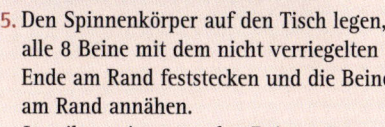

7. Danach die Spinne umdrehen und ausstopfen.

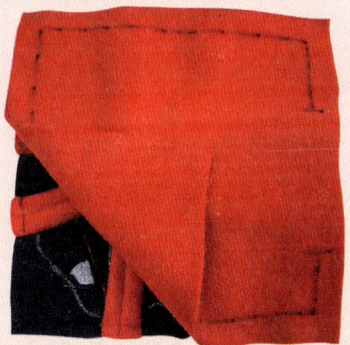

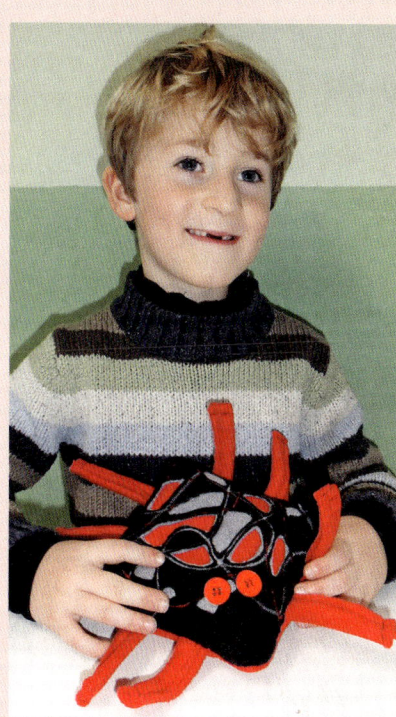

6. Nun das zweite rote Teil darauflegen und mit Stecknadeln feststecken. Ihr Kind näht wieder am Rand entlang die Teile zusammen. An einer Stelle eine 5 cm große Öffnung freilassen. Immer am Anfang und Ende der Naht verriegeln!

8. Schließen Sie nun die offene Naht. Als Abschluss werden noch die Knöpfe als Augen angenäht und fertig!

... schau, das hab ich selbst genäht!!!

Bogen

nähen und verstürzen

Bunter Fisch

Wir brauchen:
- ein buntes Fleece, 2 x Schablone 3, 2 x Schablone 4
- Nähgarn und weiches Füllmaterial

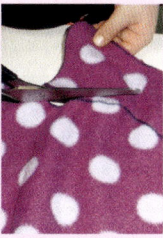

Flosse offen ... ... und umgeklappt.

1. Der Fisch besteht aus vielen Bögen und diese werden in unterschiedlichen Größen perfekt geübt. Fischrumpf und Flossen laut Schablone anzeichnen und ausschneiden.

2. Die Flossen werden der Länge nach zusammengelegt, sodass die schöne Seite innen liegt. Dann werden die Flossen seitlich zugenäht. Achtung, immer verriegeln.

Flosse seitlich zugenäht.

3. Dann werden die Flossen umgedreht. Auch das ist eine neue Erfahrung für Ihr Kind.

Lassen Sie dies Ihr Kind mehrmals üben, denn je nach Material ist das nicht immer ganz leicht.

Man kann die Ecken mit der Spitze eine Schere schön umdrehen.

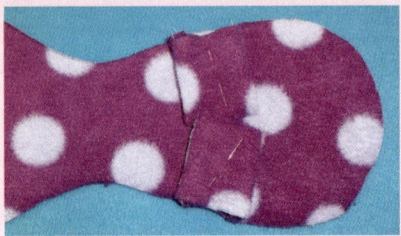 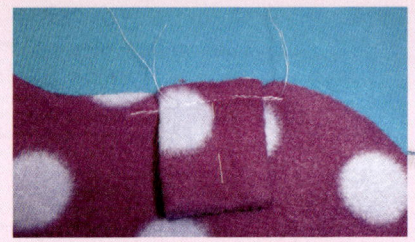

4. Dann einen Rumpfteil des Fisches mit der schönen Seite nach oben auf den Tisch legen. Beide Flossen an den Markierungslinien oben und unten anlegen, wobei die offene Seite mit dem Rumpfteil abschließt. Mit Nadeln feststecken und mit einem Geradstich am Rand annähen.

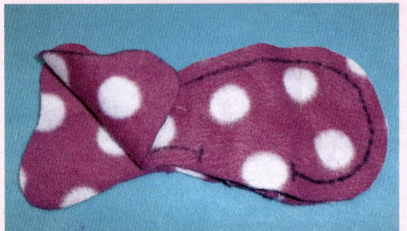 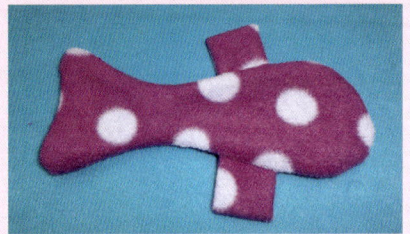 

5. Danach den zweiten Rumpfteil mit der schönen Seite nach unten darauflegen und wieder eine Nahtlinie anzeichnen. Lassen Sie wieder eine offene Stelle zum Ausstopfen (ideal wäre unten am Bauch). Ihr Kind kann nun den ganzen Fisch mit all seinen großen und kleinen Bögen zunähen. (Verriegeln nicht vergessen!) Achten Sie darauf, dass beide Stoffteile zusammengenäht sind, sonst tritt später das Füllmaterial aus.

6. Nun darf Ihr Kind den Fisch umdrehen und wird voller Freude die Flossen finden, die wir zuvor „weggenäht" haben, wie es meine Nähkinder immer nennen! Erklären sie dies nochmals Ihrem Kind, indem Sie es den Fisch mehrmals umdrehen lassen. Beim Nähen ist der schöne Fisch zuerst innen und später nach dem Umdrehen sieht der Fisch außen so aus, wie er sein sollte!

7. Ihr Kind kann den Fisch nun mit einem weichen Füllmaterial austopfen. Schließen Sie dann die offene Naht wieder mit der Handnähnadel.

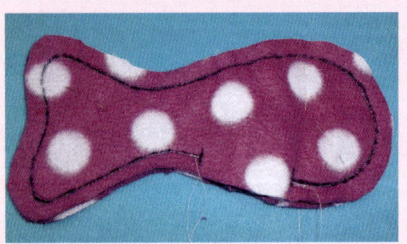

Plüschfisch mit Stepperei

Wir brauchen:
- 1 x Schablone 3 in einem bunten Plüschstoff
- 1 x Schablone 3 in Jeans,
  es gibt sicher in jedem Haushalt eine Jeans,
  die niemand mehr anzieht!
  (Bitte aber keine Stretch-Jeans verwenden!)
- 4 x Schablone 4 in Jeans und weiches Füllmaterial
- oranges Nähgarn

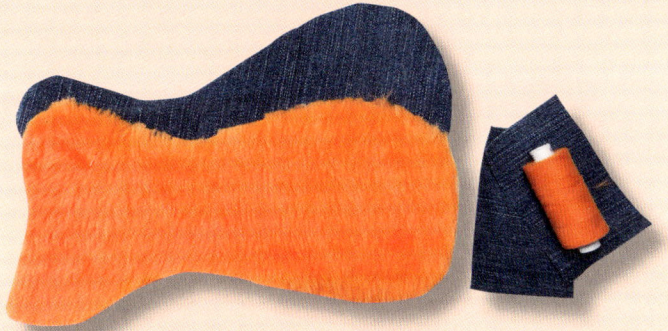

1. Fischteile und Flossen anzeichnen und ausschneiden.

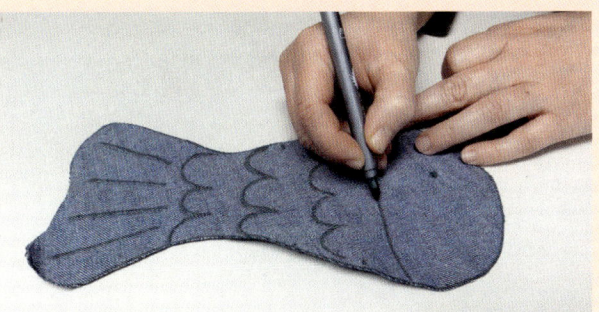

2. Dann nimmt man den Jeansfisch zur Hand und legt diesen mit der schönen Seite nach unten auf den Tisch. Ihr Kind kann nun mit einem dünnen Filzstift die Konturen auf der linken Seite anzeichnen: Augen und Schuppen

Auch auf den Flossen wird ein Muster angezeichnet.

3. Stellen Sie Ihrem Kind nun einen breiten, kurzen Zick-Zack-Stich ein und lassen Sie ihr Kind alle Konturen mit einem bunten Garn nachnähen.

4. Alle Fäden vernähen und dann abschneiden.

5. Die weitere Verarbeitung erfolgt wie beim bunten Fisch!

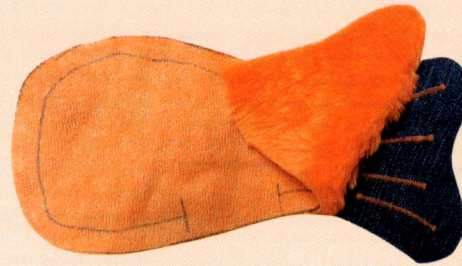

Lustiger Haifisch

Wir brauchen wieder die gleichen Schablonen, Materialien und Schnittteile wie für den Plüschfisch, Seite 29, und zwei Knöpfe.

1. Sie nähen den Fisch ganz einfach wie den bunten Fisch, aber ohne Augen und Schuppen.

2. Wenn er fertig genäht und ausgestopft ist, legen Sie Ihn mit der Jeansseite auf den Tisch. Dann werden die Knöpfe als Augen auf die obere Seite aufgenäht und fertig ist der Haifisch!

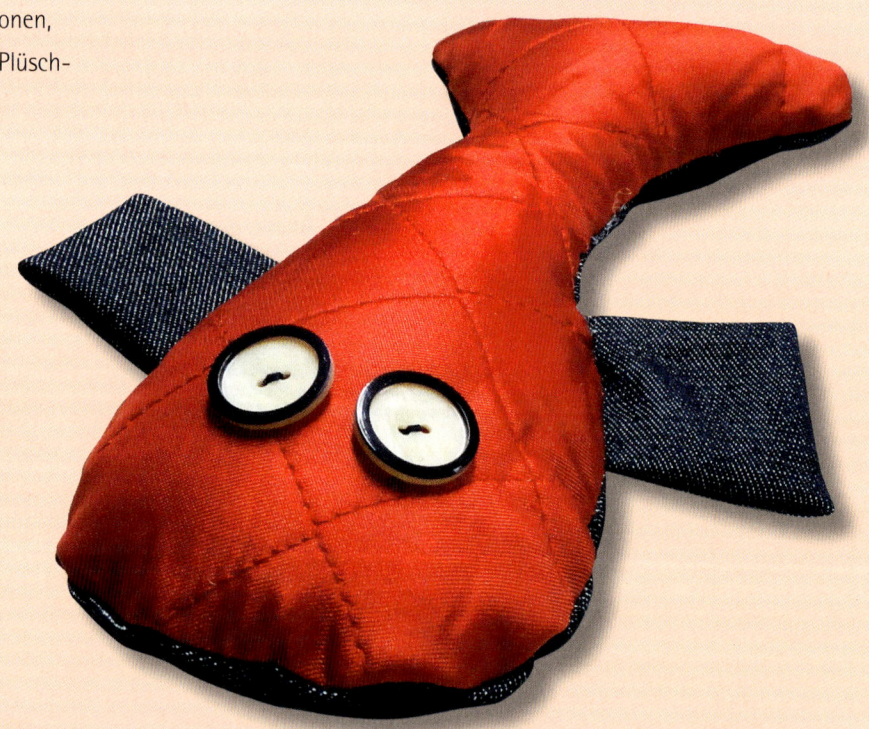

Herzen
aus unterschiedlichen Materialien

Jede der Fertigkeiten, die Ihr Kind mit jedem Werkstück erlernt, sollte es immer und immer wieder üben. Deshalb kommen nach den Fischen gleich die Herzen. Wir üben große und kleine Bögen, indem wir kleine Herzen auf große Herzen aufnähen!

Weiters arbeiten wir mit unterschiedlichen Materialien: Jeans, Plüsch, Fleece und Kunstleder. Viele meiner Nähkinder verschenken die Herzen zum Muttertag, zu Ostern oder einfach einer guten Freundin zum Geburtstag.

Kuscheliges Herz

Wir brauchen:
- einen bunten Fleecestoff und kontrastfarbene Fleecestreifen
- Nähgarn
- weiches Füllmaterial und eine ca. 27 cm lange bunte Kordel
- 2 x Schablone 5, einen Streifen ca. 1 cm x 40 cm

Ihr Kind hat nun schon einige Erfahrungen gesammelt. Geben Sie Ihrem Kind die Schablone und lassen Sie es selbstständig arbeiten.

1. Die Herzschablone muss zweimal aufgezeichnet werden.

2. Nachdem Ihr Kind die Herzen ausgeschnitten hat, schneidet es noch einen langen Streifen zu. Er sollte ca. 1–1,5 cm breit sein. Sie können diesen wie immer anzeichnen.

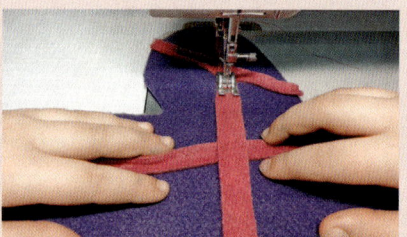

3. Nun kann Ihr Kind, wo und wie auch immer es will, die Streifen auf das Herz aufnähen.

4. Dann wird die Kordel angenäht. Legen Sie die Enden der Kordel auf die Bögen des Herzens und lassen Sie diese von Ihrem Kind feststeppen.

5. Das zweite Herz wird nun auf die schöne Seite des ersten gelegt.

6. Zeichnen Sie dann wieder eine Nahtlinie an und lassen Sie an einer der geraden Seite ca. 5 cm offen.

7. Jetzt kann Ihr Kind das Herz rundum zusteppen. Die Nähte verriegeln!

8. Rundungen beschneiden: Damit das Herz auch umgedreht schön aussieht, muss man einige schmale Ecken an der Nahtzugabe herausschneiden, hauptsächlich an den Kurven und in der Mitte beider Herzbögen. An der Spitze unten kann links und rechts ebenfalls etwas Nahtzugabe weggeschnitten werden.
ACHTUNG: Ganz vorsichtig arbeiten und nicht in die Naht schneiden!

9. Jetzt kann Ihr Kind das Herz umdrehen und siehe da, da kommt auch die Kordel wieder zum Vorschein. Das ist für die Kinder immer wieder ein tolles Erlebnis.

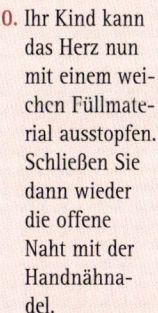

10. Ihr Kind kann das Herz nun mit einem weichen Füllmaterial ausstopfen. Schließen Sie dann wieder die offene Naht mit der Handnähnadel.

Poppiges Jeansherz

Wir brauchen:
- 1 x Schablone 5 aus Jeansstoff
- 1 x Schablone 5 aus buntem Teddy-Plüsch
- 1 x Schablone 6 aus Kunstleder
- 1 x Schablone 6 aus Vlieseline, beidseitig klebend
- Jeansstreifen 30 cm x 3 cm (Aufhänger)
- weiches Füllmaterial und rotes Nähgarn

2. Lassen Sie Ihr Kind ein kleines Herz aus Vlieseline ausschneiden.

1. Ihr Kind zeichnet nun alle 3 Herzen an und schneidet diese und den langen Jeansstreifen aus.

3. Ihr Kind legt nun das Vlieseline-Herz auf die Vorderseite des Jeansherzens.

4. Das rote, kleine Kunstlederherz wird genau daraufgelegt.

5. Nun werden wir das erste Mal mit dem Bügeleisen und dem Bügelbrett arbeiten! Legen Sie nun ein dünnes Baumwolltuch über das Jeansherz und überbügeln Sie das Kunstlederherz. Dadurch wird das kleine Herz auf dem Jeansherz fixiert.

6. Nun näht Ihr Kind das kleine Herz mit Zick-Zack-Stichen an, ohne dass es verrutscht. Jetzt kann das Jeansherz noch mit unterschiedlichen Nähten verschönert werden. Schmale und breite Zick-Zack-Stiche geben dem Herzen hier den letzten Schliff.

7. Legen Sie den Jeansstreifen auf den Bügeltisch. Klappen Sie nun den 3 cm breiten Jeansstreifen links und rechts in die Mitte und bügeln diesen.

8. Legen Sie diesen nochmals mittig zusammen und bügeln Sie kurz darüber.

9. Dann kann Ihr Kind den Streifen mittig absteppen.

10. Den Jeansaufhänger am Jeansherz mit Stecknadeln anstecken und annähen.

11. Das Plüschherz darauflegen und mit Stecknadeln anstecken. Die Nahtlinie wieder anzeichnen und mit einer Öffnung (Verriegeln nicht vergessen) festnähen.

12. Die Stecknadeln entfernen und die Nahtzugabe mehrmals einschneiden.

13. Um das Herz fertigzustellen, stopft Ihr Kind es mit Füllmaterial aus. Dann die Öffnung mit Stecknadeln zustecken und mit der Handnähnadel und kleinen Stichen zunähen.

Tipp

Aus Erfahrung weiß ich, dass die Kinder jetzt, wo sie wissen, wie es geht, noch viele weitere Herzen nähen wollen. Geben Sie Ihrem Kind allerlei Stoffreste und Sie werden überrascht sein, wie kreativ es sein wird!

Große und kleine Zacken

nähen

Nach so vielen Kurven nähen wir nun Zacken und Spitzen. Dies erfordert einiges an Übung. Deshalb ist hier der Igel das ideale Werkstück.

Zweifarbiger, kuscheliger Igel

Wir brauchen:
- rotes und grünes Fleece, Schablone 7
- weiches Füllmaterial
- Nähgarn und zwei Knöpfe für die Augen

Tipp: Hier wird der Igel erst nach dem Nähen ausgeschnitten.

1. Die Igelschablone wird auf das rote Fleece gezeichnet.

2. Nun wird das zweite Stück Fleece auch größer zugeschnitten. Beide Stoffe aufeinanderlegen, sodass die kuschelige, schöne Seite innen liegt. Rundum mit Stecknadeln fixieren. Markieren Sie an der unteren geraden Seite eine Öffnung von ca. 6 cm.

Tipp: Nun sollten Sie sich neben Ihr Kind setzen und es beim Nähen der Zacken unterstützen. Jeder der Igelzacken ist eine Herausforderung und fordert die ganze Konzentration Ihres Kindes. Ihr Kind muss nun mit dem Fußpedal und dem Handrad die Ecken nähen.

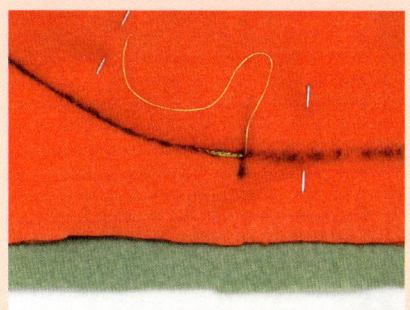

4. **NÄHEN EINER ECKE:** Das haben wir schon beim Nähen auf Papier geübt. Erklären Sie ihrem Kind den Ablauf nochmals genau:
Bis zur Ecke nähen, dann muss die Nadel im Nähgut stecken. (Nadel muss unten sein). Sollte das nicht der Fall sein, muss man das Handrad zu sich her drehen, bis die Nadel ganz unten ist. ACHTUNG! Hierbei sollte ihr Kind den Fuß vom Fußpedal nehmen.

3. Man beginnt beim Igel an der langen, unteren Seite. Nähen, verriegeln und weiternähen bis zur ersten Ecke.

Nadel im Nähgut, Nähfuß unten

Nadel im Nähgut, Nähfuß oben, den Igel drehen und die Richtung wechseln, bis man wieder auf die Nahtlinie kommt!

Nadel im Nähgut, Nähfuß immer noch oben

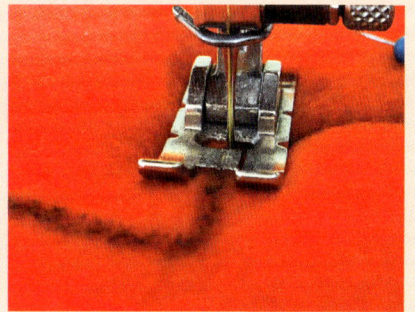

Nadel im Nähgut, Nähfuß unten und weiternähen, Ecke wurde genäht!

Dieser Vorgang wird bei jeder Ecke wiederholt und die Nadel bleibt dabei im Nähgut!

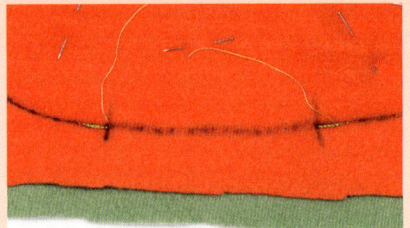

5. Da nun ein Zacken nach dem anderen kommt, werden nur sehr kurze Strecken genäht. Bevor Ihr Kind evtl. über die Zacken hinausnäht, kann es schon vorher mit dem Fußpedal aufhören und die restlichen Stiche bis zur Ecke mit dem Handrad nähen.
Das Handrad wird immer zu sich her gedreht.

Öffnung mit beiden verriegelten Nahtenden.

6. Sobald Ihr Kind den ganzen Igel genäht hat, verriegelt es die Naht am Schluss wieder.
Dann kann es alle Stecknadeln aus dem Igel heraus- ins Nadelkissen zurückstecken.

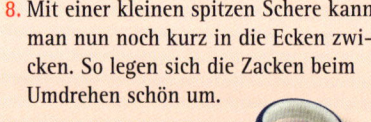
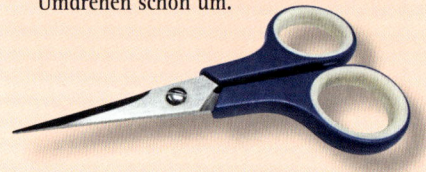

7. Nun wird der Igel ausgeschnitten. Hier sollten Sie Ihrem Kind helfen. Die Nahtzugabe bei den Zacken sollte max. 0,5 cm breit sein. An der unteren Öffnung kann sie jedoch 1–1,5 cm breit sein.

8. Mit einer kleinen spitzen Schere kann man nun noch kurz in die Ecken zwicken. So legen sich die Zacken beim Umdrehen schön um.

9. Der Igel wird umgedreht.

Das Kind streift die Zacken mit der Schere aus.

10. Danach kann Ihr Kind den Igel wenden. Geben Sie Ihrem Kind eine kleine Schere und zeigen Sie ihm, wie man vorsichtig mit der Schere Zacke für Zacke „ausstreift".

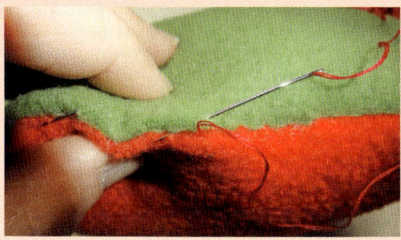 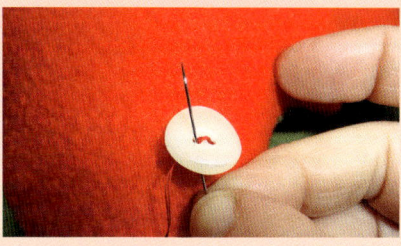 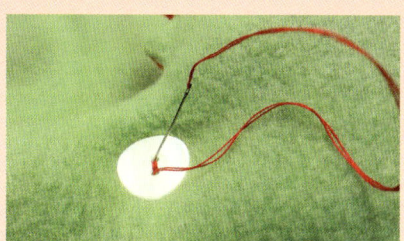

11. Danach kann Ihr Kind den Igel ausstopfen und Sie können die Öffnung wieder mit der Handnähnadel zunähen.

12. Nun bekommt der Igel auf der roten und grünen Seite ein Auge. Nähen Sie mit dem Faden von einem Knopf zum anderen Knopf durch. Halten Sie den Faden etwas gespannt, so zieht sich das Gesicht des Igels etwas zusammen.

13. Zum Abschluss bindet man die kleine Nase mit einem Faden ab.

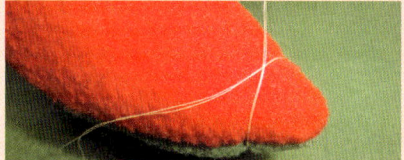

Man wickelt einen doppelten Faden um die Nase.

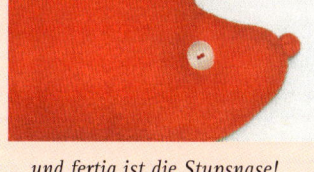

... und fertig ist die Stupsnase!

Dann macht man einen Knoten, den man dann fest zusammenzieht. Jetzt wird der Faden noch ein paarmal um die Nase gewickelt.

Anschließend wird noch ein Knoten gemacht und dann werden die Fäden abgeschnitten.

Stolz präsentiert jedes Kind sein Werkstück!

Kordel-Verschluss

und Nähte versäubern

Welches Kind hat schon ein selbstgenähtes Turnsäckchen für den Kindergarten oder die Schule? In Kürze Ihr Kind!

Buntes Turnsäckchen
mit Kordelverschluss

Wir brauchen:
- 60 cm x 40 cm bunter Baumwollstoff
- 55 cm x 6 cm bunter Baumwollstreifen
- Farblich passende Kordel, ca. 80 cm lang
- Nähgarn und Kordel-Verschluss

Info: Nun werden wir wieder mit dem Bügeleisen und dem Bügelbrett arbeiten. Hierbei müssen Sie Ihrem Kind wieder helfen. Bügeln Sie den Stoff, bevor Sie ihn zuschneiden.

1. Legen Sie den Baumwollstreifen mit der linken Seite nach oben auf den Tisch und bügeln Sie seitlich jeweils 1 cm ein.

2. Den Baumwollstreifen an beiden Enden zweimal 2 cm einschlagen, bügeln und absteppen.

Tipp: Da Ihr Kind nun das erste Mal einen Baumwollstoff verarbeitet, der nach dem Ausschneiden an den Kanten ausfranst, muss dieser mit einem Zick-Zack-Stich versäubert werden. Zeigen Sie Ihrem Kind an einem Rest Baumwollstoff, was mit dem Ausfransen gemeint ist.

 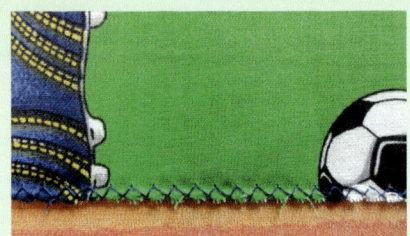 

3. Danach wird der ganze Stoff fürs Turnsäckchen an den beiden seitlichen und der unteren Kante mit einem Zick-Zack-Stich genäht bzw. versäubert!

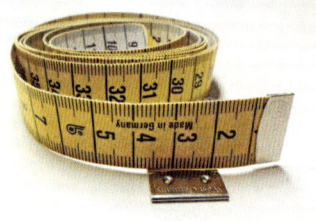  

4. Lassen Sie Ihr Kind nun mit dem Maßband arbeiten. Die obere Kante wird zweimal 2 cm umgebügelt und abgesteppt.

5. Nun legt man den großen Stoff auf den Tisch. Der schmale Stoffstreifen wird oben quer aufgelegt. Lassen Sie Ihr Kind, sofern es das schon kann, 4 cm vom oberen Rand weg das Band auflegen und mit Stecknadeln feststecken. Das Band sollte mittig angeheftet werden und ca. 6 cm entfernt von den Seitenkanten des Stoffes enden.

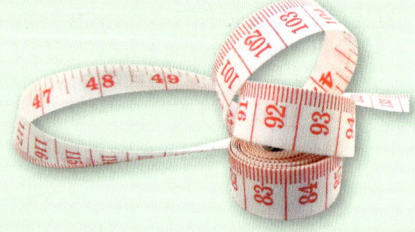

6. Nun kann Ihr Kind den Stoffstreifen kantig oben und unten aufsteppen. Bitte immer an Anfang und Ende der Naht verriegeln!

7. Dann wird der Stoff einmal zusammengeklappt und die Kanten quer mit Stecknadeln zusammengesteckt.

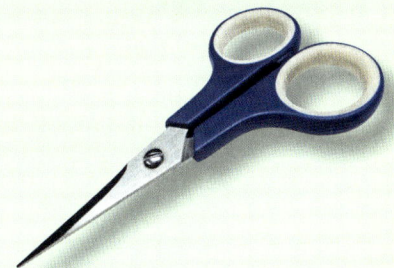

8. Zeichnen Sie nun mit der Schneiderkreide seitlich und unten ca. 1 cm vom Rand entfernt eine Nahtlinie an.

9. Ihr Kind kann nun das Säckchen zunähen.

10. Das Säckchen wenden und die Ecken mit einer kleinen Schere schön ausstreifen.

Arbeiten mit der Sicherheitsnadel

11. Nun ziehen wir die Kordel ein! Zeigen Sie Ihrem Kind die Sicherheitsnadel und wie Sie funktioniert. Stechen Sie damit zweimal durchs Ende der Kordel und schließen Sie die Nadel wieder.

12. Dann wird die Sicherheitsnadel mit der Kordel vorsichtig durch den Stoffstreifen gezogen.

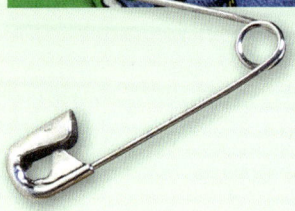

13. Sobald die Kordel wieder am anderen Ende herauskommt, entfernen Sie die Sicherheitsnadel und fädeln Sie die Kordel durch den Kordel-Verschluss.

14. Zuletzt beide Enden der Kordel fest miteinander verknoten.

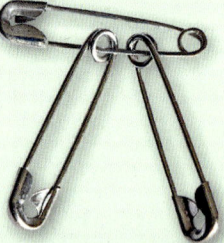

Futter
einnähen

Box aus alten Jeans

Wir brauchen:
- 2 x Schablone 8 alte Jeans (hier ein altes Jeansbein)
- 2 x Schablone 8 karierter Baumwollstoff
- etwas Kunstleder
- Vlieseline, beidseitig klebend, für den Buchstaben
- Nähgarn

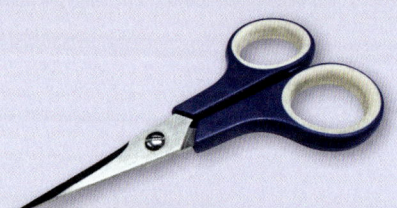

1. Zuerst kann Ihr Kind das Jeansbein an einer Naht aufschneiden, die Schablone darauflegen, anzeichnen und ausschneiden. Kinder lieben es, alte Jeans zu zerschneiden!

2. Die Schablone auf den Baumwollstoff legen, anzeichnen und ausschneiden. Hier kann der Karostoff schräg zugeschnitten werden. Das wirkt gerade bei großen Karos flippiger.

3. Alle Schnittteile bügeln. (Bitte helfen Sie hier Ihrem Kind.)

4. Nun kann sich Ihr Kind den Buchstaben, den es aufnähen will, auf Papier aufzeichnen und mit einer Papierschere ausschneiden.

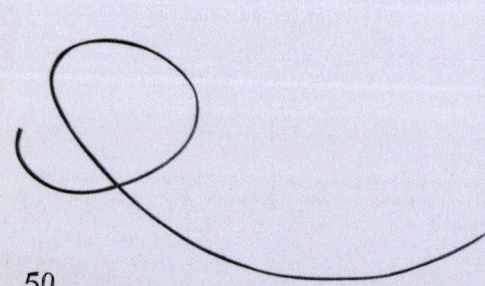

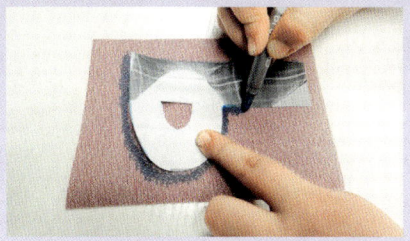

5. Das Kunstleder umdrehen und auf der Rückseite den Buchstaben seitenverkehrt anzeichnen und ausschneiden.

6. Den Buchstaben auch aus dem Vlieseline ausschneiden.

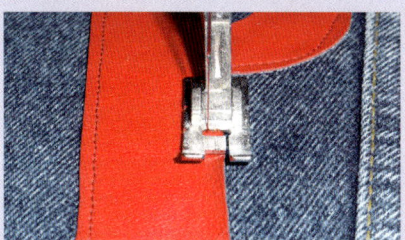

Nachdem der Buchstabe aufgebügelt wurde, näht das Kind ihn mit Geradstich auf den Jeansstoff an.

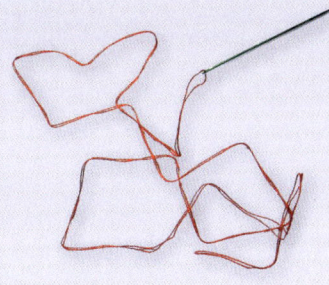

Tipp: Wie man den Teil aus Kunstleder mit Hilfe von beidseitig klebender Vlieseline auf die Jeans aufklebt bzw. aufbügelt, wurde beim Jeansherz genau beschrieben (siehe Seite 36 f.)!

7. Nun werden die Ecken am Boden der Box genäht.
Ihr Kind legt das Jeansteil mit den Ecken nach oben auf den Tisch.

Dann wird die seitliche Kante nach oben geklappt.

Wenn die Kanten oben genau übereinander liegen, steckt man mit den Stecknadeln die Ecke ab und zeichnet eine Nahtlinie an.

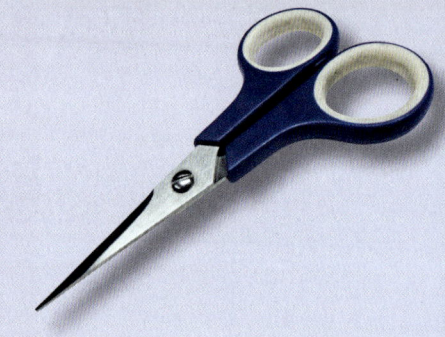

Die Ecke auf der Nahtlinie abnähen und gut verriegeln!

So werden an jedem Schnittteil (Jeans und Karo) die zwei Ecken genäht!

8. Dann werden beide Jeansteile so zusammengelegt, dass die schöne Seite mit dem Buchstaben innen ist. Stecken Sie Ihrem Kind die genähten Ecken mit Stecknadeln zusammen und zeichnen Sie eine Nahtlinie auf. Dann kann Ihr Kind die Box seitlich und unten zusammennähen. Die obere Seite bleibt offen!

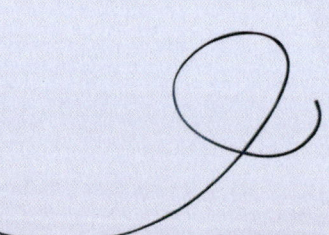

9. Ganz gleich wird auch das Futter zusammengesteckt. Wenn Sie Ihrem Kind hier die Nahtlinie anzeichnen, lassen Sie unten in der Mitte ca. 10 cm offen. Beim Nähen immer aufs Verriegeln achten!

10. Jetzt stellt Ihr Kind die Jeansbox auf den Tisch.

11. Das karierte Futter wird so darübergesteckt, dass die Nahtzugaben außen sind.

12. Die Seitennähte werden aufeinandergelegt und mit Stecknadeln festgesteckt.

13. Es wird auch wieder eine Nahtlinie eingezeichnet.

14. Die obere Kante rundum zunähen und die Stecknadeln entfernen!

15. Nun zieht Ihr Kind die Jeanstasche vorsichtig durch die Öffnung im Futter heraus.

16. Anschließend kann Ihr Kind die Öffnung zusammenstecken und mit dem Geradstich zunähen.

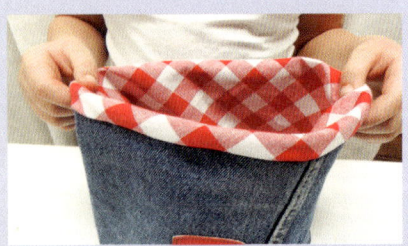 

17. Das Futter in die Jeansbox stecken und zuletzt oben an der Kante nochmals einmal rundum nähen.

Mit der Hand nähen

Karotte für den Kaufmannsladen

Wir brauchen:
- oranges und grünes Fleece und
- weiches Füllmaterial
- 2 x Schablone 9 (oranger Fleece)
- 1 x Schablone 10 (grüner Fleece)
- Handnähnadel, Nähgarn und Füllmaterial

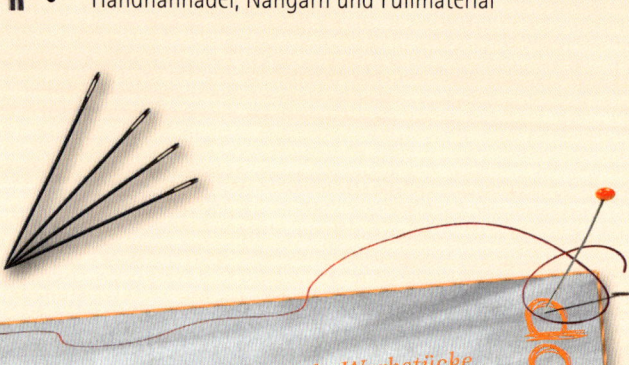

Tipp: Ihr Kind hat nun schon sehr viele Werkstücke genäht. Ich bin mir sicher, dass Ihr Kind die Karotte ohne große Hilfe selbst nähen wird!

1. Die Karotte zweimal anzeichnen und zuschneiden.

2. Nun auch das „Grünzeug" anzeichnen und ausschneiden.

3. Das grüne Fleece viermal an der langen Seite einschneiden, sodass ca. noch 2 cm geschlossen stehenbleiben.

4. Das Grünzeug zusammenwickeln.

5. An der oberen Kante zusammennähen, verriegeln und die Fäden abschneiden.

6. Oben auf eine Karotte legen und annähen.

7. Die Nahtlinie auf die zweite Karotte zeichnen und auf die erste drauflegen.

8. Beide Karotten zusammennähen. Verriegeln und die Nahtzugabe einschneiden.

9. Umdrehen und ausstopfen!

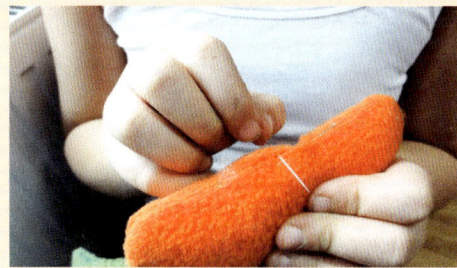

10. Nun wird Ihr Kind die Karotte selbst mit der Handnähnadel zunähen!

Über die Autorin

Birgit Pachler wurde in Baden-Württemberg geboren. Nach einer Schneiderlehre und einigen Jahren Praxis schloss sie das Studium zur Bekleidungstechnikerin ab.
Danach übersiedelte sie nach Graz/Österreich.

Sie ist verheiratet und hat eine Tochter. Kreativität und textiles Gestalten zieht sich durch ihr Leben wie ein roter Faden. Ihre Fertigkeiten konnte sie in unterschiedlichen Jobs vom Maßatelier bis hin zur Bekleidungsindustrie stets erweitern.

2009 eröffnete sie ihr Taschenatelier. Ihre Tochter nähte schon mit 4 Jahren an der Nähmaschine und somit war die Idee für Kindernähkurse geboren.
Seit 2013 veranstaltet sie sämtliche Nähkurse in ihrem Nähcafé in Graz.

Schablonen
unserer Werkstücke

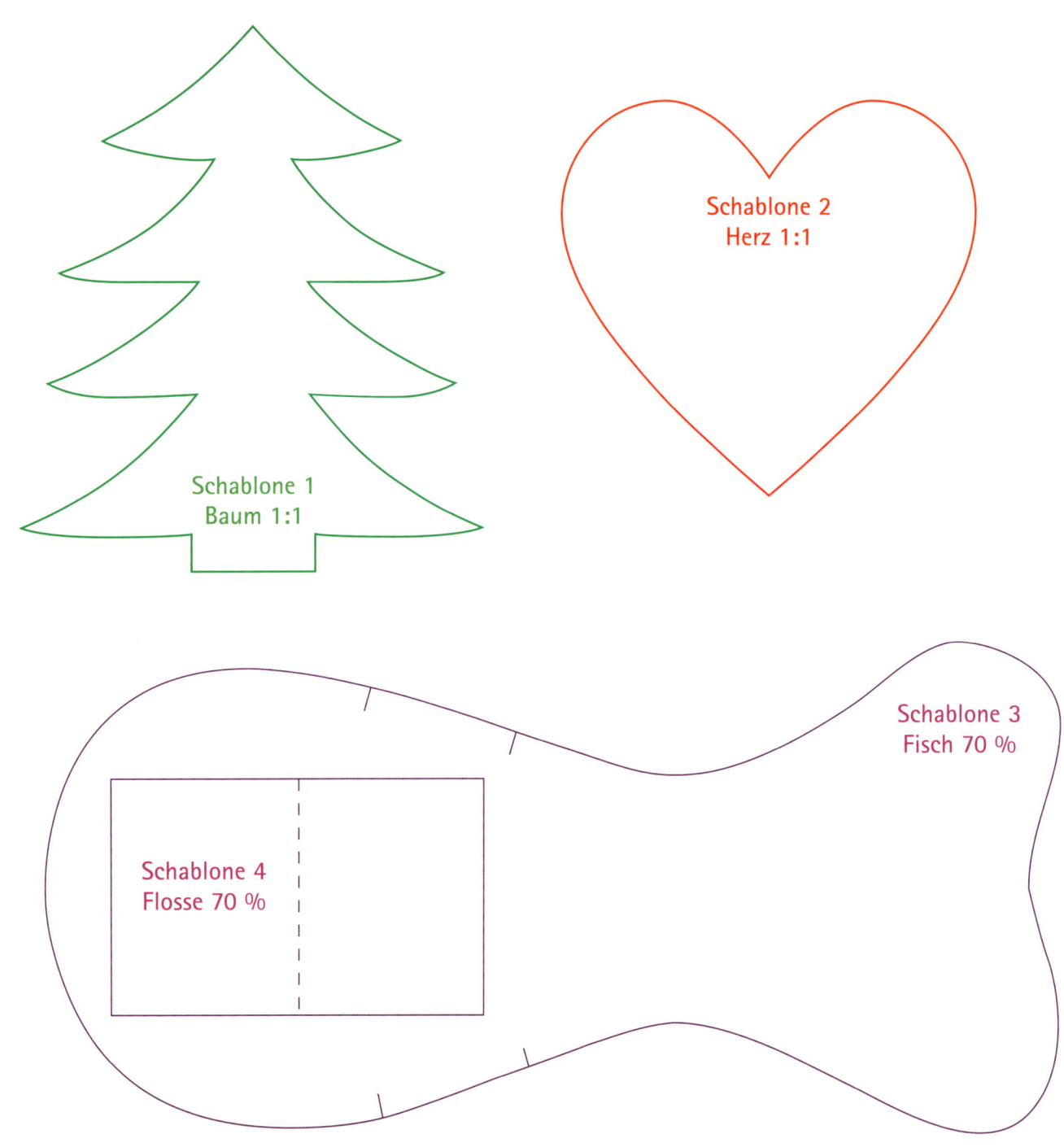

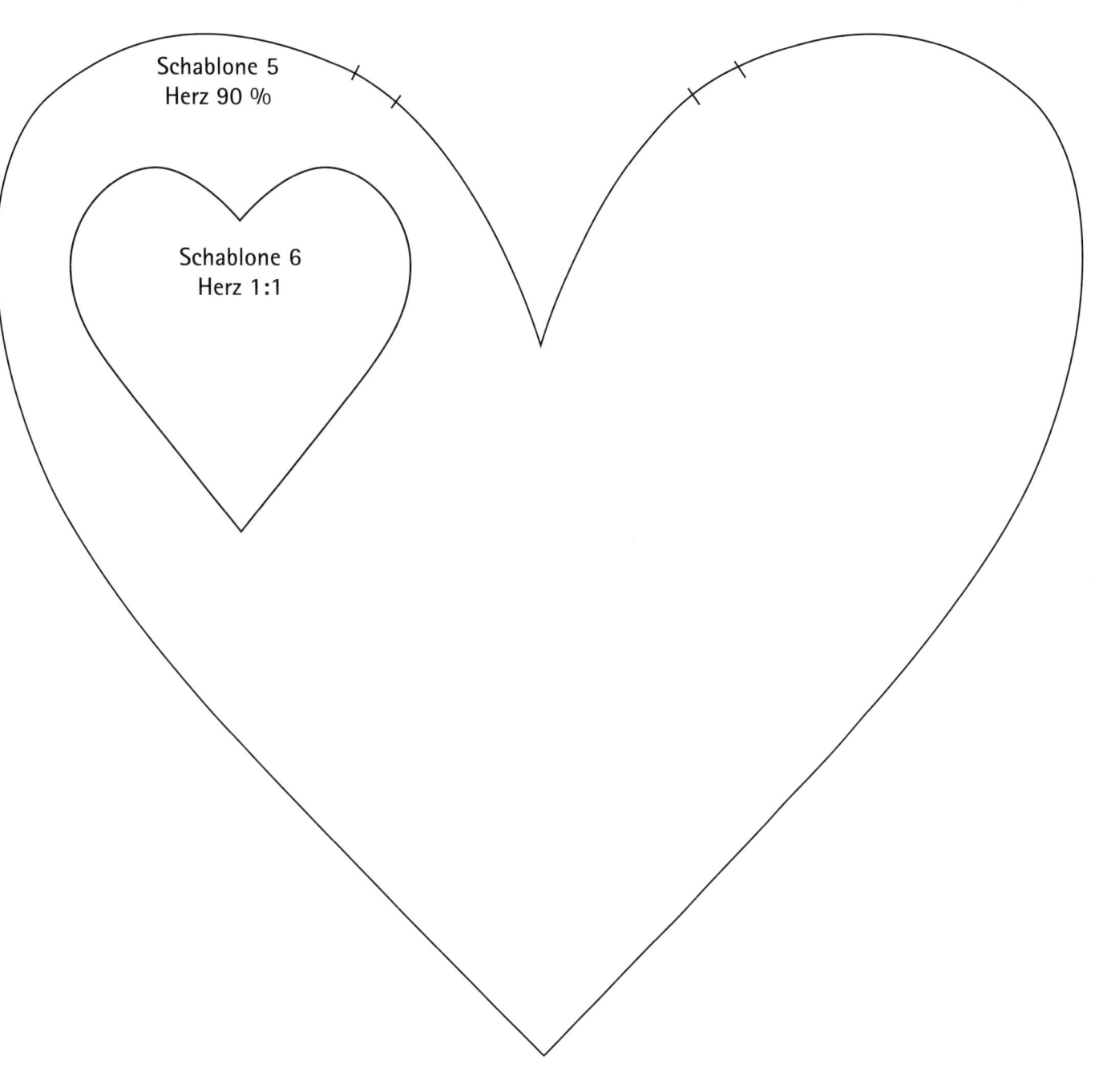

Schablone 8
Jeansbox 60 %

Schablone B
Molatechnik 1:1

Schablone C
Molatechnik 50 %

Schablone D Herz
Molatasche 1:1

Schablone E
Spinne 1:1

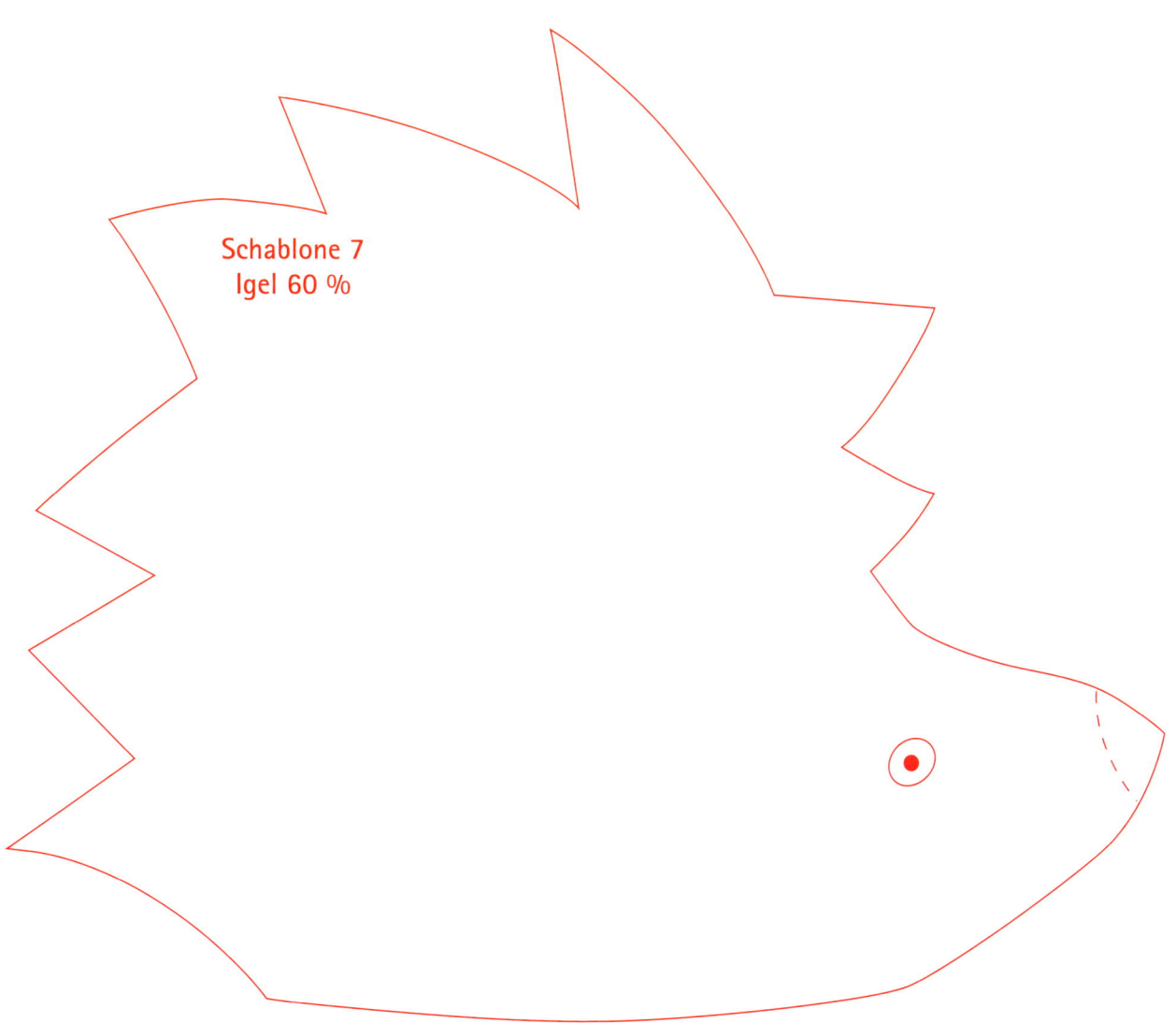

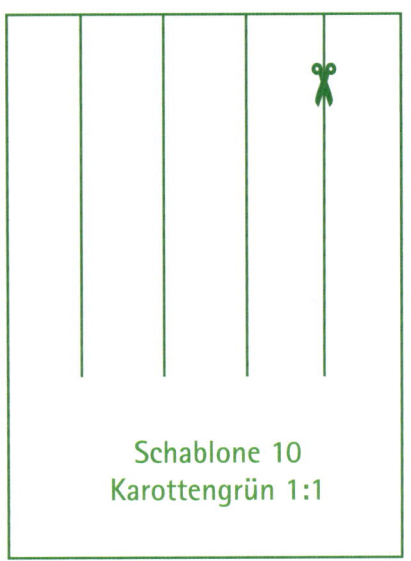

Schablone 10
Karottengrün 1:1

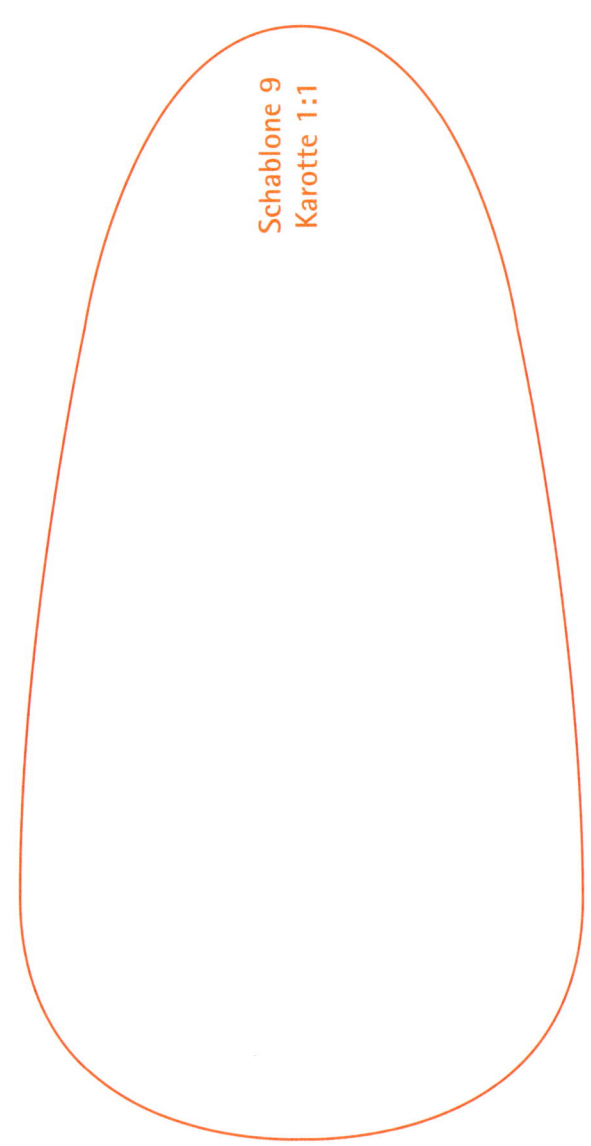

Schablone 9
Karotte 1:1

Aus unserem Programm

ISBN 978-3-7020-1374-5

ISBN 978-3-7020-1375-2

ISBN 978-3-7020-1376-9

ISBN 978-3-7020-1392-9

Leopold Stocker Verlag
Graz – Stuttgart

Aus unserem Programm

ISBN 978-3-7020-1410-0

ISBN 978-3-7020-1360-8

Leopold Stocker Verlag
Graz – Stuttgart